Monsieur
AVENTURE

Collection MONSIEUR

1. MONSIEUR CHATOUILLE
2. MONSIEUR RAPIDE
3. MONSIEUR FARCEUR
4. MONSIEUR GLOUTON
5. MONSIEUR RIGOLO
6. MONSIEUR COSTAUD
7. MONSIEUR GROGNON
8. MONSIEUR CURIEUX
9. MONSIEUR NIGAUD
10. MONSIEUR RÊVE
11. MONSIEUR BAGARREUR
12. MONSIEUR INQUIET
13. MONSIEUR NON
14. MONSIEUR HEUREUX
15. MONSIEUR INCROYABLE
16. MONSIEUR À L'ENVERS
17. MONSIEUR PARFAIT
18. MONSIEUR MÉLI-MÉLO
19. MONSIEUR BRUIT
20. MONSIEUR SILENCE
21. MONSIEUR AVARE
22. MONSIEUR SALE
23. MONSIEUR PRESSÉ
24. MONSIEUR TATILLON
25. MONSIEUR MAIGRE
26. MONSIEUR MALIN
27. MONSIEUR MALPOLI
28. MONSIEUR ENDORMI
29. MONSIEUR GRINCHEUX
30. MONSIEUR PEUREUX
31. MONSIEUR ÉTONNANT
32. MONSIEUR FARFELU
33. MONSIEUR MALCHANCE
34. MONSIEUR LENT
35. MONSIEUR NEIGE
36. MONSIEUR BIZARRE
37. MONSIEUR MALADROIT
38. MONSIEUR JOYEUX
39. MONSIEUR ÉTOURDI
40. MONSIEUR PETIT
41. MONSIEUR BING
42. MONSIEUR BAVARD
43. MONSIEUR GRAND
44. MONSIEUR COURAGEUX
45. MONSIEUR ATCHOUM
46. MONSIEUR GENTIL
47. MONSIEUR MAL ÉLEVÉ
48. MONSIEUR GÉNIAL
49. MONSIEUR PERSONNE
50. MONSIEUR FORMIDABLE
51. MONSIEUR AVENTURE

MONSIEUR MADAME

Publié pour la première fois par Egmont sous le titre *Mr. Adventure* en 2016.
MONSIEUR MADAME™ Copyright © 2016 THOIP (une société du groupe Sanrio). Tous droits réservés.
Mr. Adventure © 2016 THOIP (une société du groupe Sanrio). Tous droits réservés.
M. Aventure © 2016 THOIP (une société du groupe Sanrio). Tous droits réservés.

Monsieur AVENTURE

Roger Hargreaves

Écrit et illustré par Adam Hargreaves

Monsieur Aventure adorait partir en vacances,
mais pas le genre de vacances que tu imagines.

Il trouvait que la plage était ennuyeuse, par exemple.

Il voulait passer des vacances pleines d'aventures
et d'excitation.

Il choisissait des destinations qui te feraient dresser
les cheveux sur la tête.

Il avait déjà exploré les steppes glacées.

Il avait traversé les océans immenses et profonds.

Il avait fait du canoë-kayak sur les rivières de jungles épaisses et vastes.

Mais cette année, monsieur Aventure avait un problème. Il n'avait pas assez d'argent pour repartir en expédition.

Pour vivre une nouvelle aventure, il devait trouver un travail. Et c'est ce qu'il fit.

Il commença par devenir facteur. Mais, tu t'en doutes, il trouva rapidement que distribuer des lettres était très ennuyeux.

Alors, pour donner un peu de piment à son nouveau travail, il décida d'utiliser son équipement d'alpiniste pour escalader chaque maison et livrer les lettres dans les cheminées.

Il trouva son nouveau travail bien plus passionnant ainsi, mais comme il mit deux fois plus de temps à distribuer le courrier et que les lettres se retrouvèrent couvertes de suie, il fut renvoyé du bureau de poste.

Heureusement, il retrouva un nouveau travail et devint plombier, cette fois.

Mais, bien entendu, il trouva ce métier à nouveau très ennuyeux.

Pour le rendre plus excitant, il prit son canoë à chaque fois qu'il devait réparer une simple fuite.

De cette manière, il trouva son nouveau travail beaucoup plus intéressant mais… les maisons de ses clients furent encore plus inondées si bien qu'il fut mis à la porte.

Il travailla ensuite dans le bâtiment mais skier sur les toits des maisons se révéla être aussi une très mauvaise idée.

Les choses allaient de pire en pire pour monsieur Aventure.

Il n'avait pas économisé un sou.

Il regardait avec envie la carte du monde accrochée au mur de sa maison.

Comme il rêvait de partir loin pour vivre une vraie aventure !

Puis, il trouva un nouveau travail : pompier !

Sa première intervention fut de grimper à un arbre pour sauver un chat.

Monsieur Aventure ne trouva pas cette mission ennuyeuse.

Le lendemain, il dut démolir une porte avec une hache.

Décidément, ce nouveau travail était passionnant !

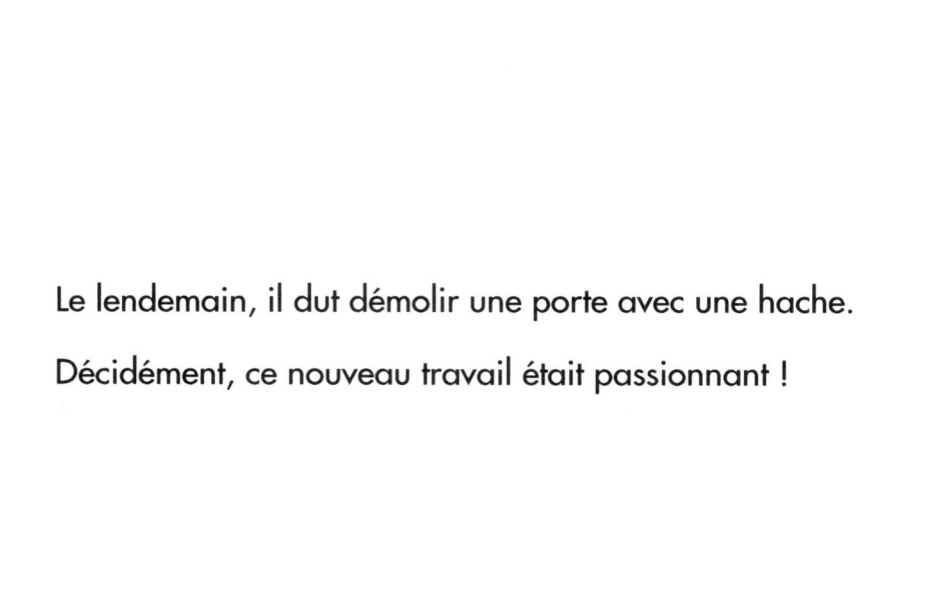

Et le jour suivant, il dut éteindre l'incendie d'une maison.

Monsieur Aventure avait enfin trouvé le travail de ses rêves !

Un travail où il pouvait ramper, frissonner, palpiter, grimper et vivre l'aventure parfaite !

Rapidement, monsieur Aventure eut économisé suffisamment d'argent pour partir en vacances.

Assez d'argent pour aller à l'endroit le plus sauvage et le plus dangereux du monde !

Alors, sais-tu où partit monsieur Aventure ?

Eh bien… il resta chez lui !

Être pompier était une aventure bien plus géniale que toutes celles qu'il avait imaginées.

Bien que l'année suivante, il eût déjà programmé un voyage…

… sur la Lune !

RÉUNIS VITE LA COLLECTION ENTIÈRE

DES MONSIEUR MADAME

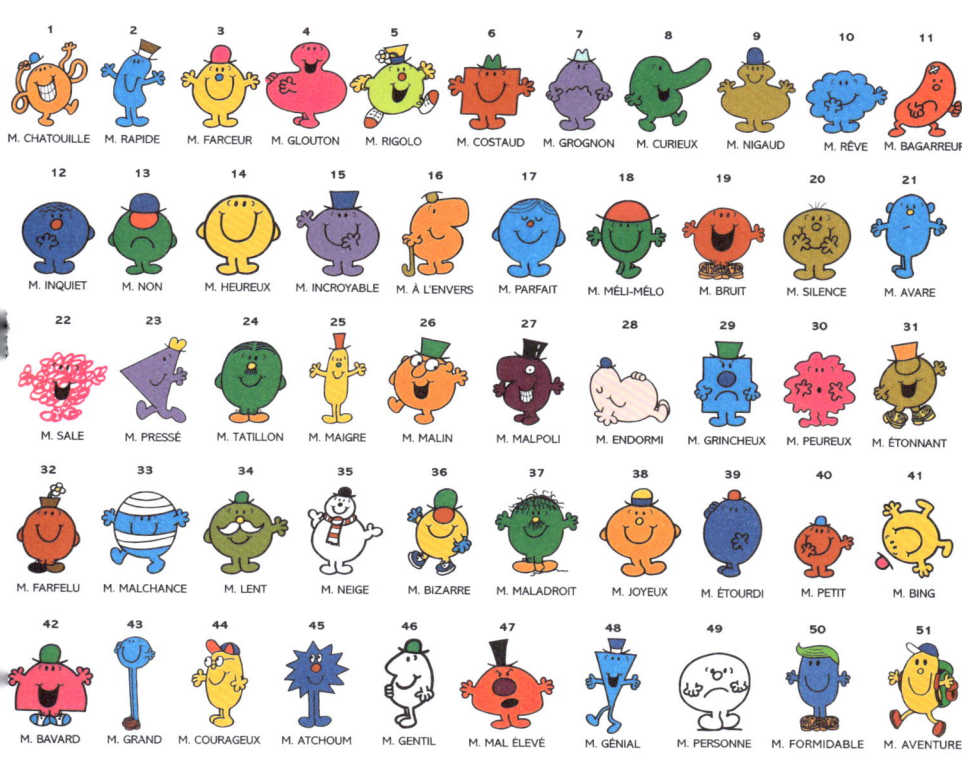

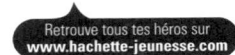

Traduction : Anne Marchand Kalicky.
Édité par Hachette Livre, 58 rue Jean Bleuzen 92178 Vanves Cedex.
Dépôt légal : juillet 2016.
Loi n°49-956 du 16 juillet 1949 sur les publications destinées à la jeunesse.
Achevé d'imprimer par Canale en Roumanie.